BEI GRIN MACHT SICH WISSEN BEZAHLT

- Wir veröffentlichen Ihre Hausarbeit, Bachelor- und Masterarbeit

- Ihr eigenes eBook und Buch - weltweit in allen wichtigen Shops

- Verdienen Sie an jedem Verkauf

Jetzt bei www.GRIN.com hochladen und kostenlos publizieren

Bibliografische Information der Deutschen Nationalbibliothek:

Die Deutsche Bibliothek verzeichnet diese Publikation in der Deutschen National-
bibliografie; detaillierte bibliografische Daten sind im Internet über http://dnb.d-
nb.de/ abrufbar.

Impressum:

Copyright © 2006 GRIN Verlag, Open Publishing GmbH
Druck und Bindung: Books on Demand GmbH, Norderstedt Germany
ISBN: 9783668468894

Dieses Buch bei GRIN:

http://www.grin.com/de/e-book/358599/einfuehrung-eines-mitarbeiterportals-
moeglichkeiten-und-grenzen

Silke Karaus-Klampt

Einführung eines Mitarbeiterportals. Möglichkeiten und Grenzen

GRIN Verlag

Möglichkeiten und Grenzen von Portalen

von

Silke Karaus

In Zusammenarbeit mit ANCOSO Business Technologies AG

Elektronische Marktplätze bilden z.b. die Plattformen für den gemeinsamen Einkauf und Austausch von Human Resources Dienstleistungen. Dies wiederum führt zu E-Collaboration, dem netzgestützten Austausch von Informationen und der Online-Abwicklung von Prozessen innerhalb des Unternehmens sowie mit Partnern außerhalb des Unternehmens. Das Unternehmensmanagement über das Web und Portallösungen sind heute schon ausgereift und leistungsfähig.

Der Einsatz kann jährlich Kosten in Millionenhöhe einsparen, weil die administrativen Aufgaben teilweise automatisiert werden.

Unternehmen sollten Portale zum Aufbau einer neuen Wissenskultur nutzen. Der Informationsfluss wird schneller und gezielter, die interne und externe Kommunikation wird umfassender und die Serviceorientierung der Unternehmen steigt.

Unternehmen, die Portale einführen, helfen ihren Mitarbeitern erfolgreicher zu arbeiten.

Inhaltsverzeichnis

Abbildungsverzeichnis

1. Einleitung

In der modernen Arbeitswelt spielt die Verfügbarkeit relevanter Information eine immer wichtigere Rolle. Gleichzeitig stellt jedoch die Flut der zur Verfügung stehenden Informationen ein zunehmendes Problem dar. So befinden sich in den meisten Unternehmen heutzutage große digitale Informationsquellen, die jedoch meist in einer unstrukturierten und dezentralen Form und oft noch auf verschiedenen Systemen abgelegt sind. Dies führt zu einer Reihe von Problemen, die vor allem bei größeren Firmen zu z.T. hohen Verlusten führen können. Durch die Medienbrüche, die mit der Verwendung unterschiedlicher Systeme einhergehen, entstehen Kommunikations- und Transaktionshindernisse, welche durch verschiedene Arten von so genannten Portalen überwunden werden können.

Portale stellen Integrationsplattformen dar, die dafür sorgen, dass Inhalt, Kommunikation und unterschiedliche Applikationen „zusammenfinden".

Abb. 1: Portal-Ansatz

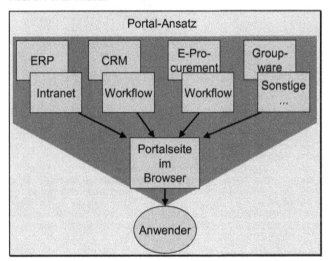

Dadurch können sie in den unterschiedlichsten Bereichen eingesetzt werden, was zu einer zunehmenden Diversifikation ihrer Anwendungskategorie (z.b. Öffentliche Portale, Teamportale etc.) führt.

2. Problemstellung und Zielsetzung

Durch die Nutzung der modernen Kommunikationstechnologien sehen sich Unternehmen heute mit einer Flut von Informationen konfrontiert. Das daraus resultierende Datenwachstum hat nicht nur Auswirkungen auf die Hardware-Seite, auf der ständig neue Investitionen nötig werden, um die nötige Kapazität und Performance zu gewährleisten, sondern „lähmt" auch die regelmäßig durchgeführten Geschäftsprozesse. Hinzu kommt, dass die benötigten Daten meist auf unterschiedlichen Systemen lagern. So werden Transaktionen unterbrochen, Entscheidungsfindungen in der Fülle der Informationen erschwert, oder es werden Entscheidungen auf einer schlechten Informationsbasis getroffen.

Laut einer Studie aus dem Jahr 2002 von NCR-Teradata[1] sagten 54% der befragten Führungskräfte aus, dass sich die Daten im Unternehmen jedes Jahr verdoppeln oder verdreifachen.

---

[1] Vgl. NCR-Teradata: The 2002 Teradata Report on Enterprise Decision-Making. Online im Internet, Abfrage: 17.02.04, URL: http://www.teradatalibrary.com/EDM_Report_for_Media_Final.pdf

Abb. 2: Exponentielles Datenwachstum: Durchschnittliches Datenwachstum (TeraBytes) in Europa laut IDC 3/2000

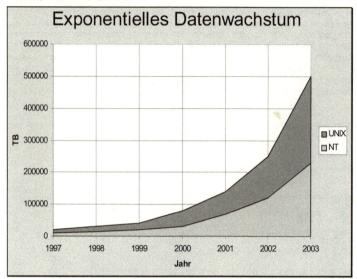

Als eine Folge dieses unkontrollierten Datenwachstums und der damit verbundenen schlechteren Entscheidungsgrundlage sehen 80% der Befragten ihren Gewinn beeinträchtigt und 73% befürchten eine Verschlechterung der Mitarbeitermotivation.

Aus dieser Problematik des effizienten Daten- und Informationsmanagement entspringt in vielen Unternehmen der Ruf nach umfassenderen Lösungen: In einer heutigen Unternehmensumgebung wird es immer wichtiger, Information nicht nur vorhalten zu können. Es kommt darauf an, die für den jeweiligen Benutzer relevante Information im jeweiligen Kontext ohne großen Navigationsaufwand bereitzustellen. Gerade dafür haben sich zumeist webbasierte Portale inzwischen als Integrationspunkt etabliert.

Portallösungen beheben dieses Problem der ineffizienten betrieblichen Prozesse und des schlechten Informationsaustausches und – im speziellen Fall der Mitarbeiterportale – erhöhen durch berufliche und private Zusatzangebote zusätzlich die Zufriedenheit der Beschäftigten, steigern die Motivation und die Effizienz und senken somit Prozesskosten.
In der Praxis stellen sich jedoch im Zuge der Einführung von umfassenden Portalprojekten weitere Probleme ein, auf die im Folgenden eingegangen wird.

3. Einordnung, Definition und Abgrenzung

Während der letzten Jahre hat die Auslegung der Bezeichnung „Portal" einen wesentlichen Wandel erfahren: Von der Einstiegsseite einer Internet-Suchmaschine fand eine Entwicklung zur Unternehmens-Web-Anwendung statt, in der Inhalte, Dienste und Funktionen integriert werden. Die Auslegungen reichen dabei immer noch vom Informationsportal bis hin zu interaktiven Anwendungen, von Kommunikationsplattformen gegenüber Geschäftspartnern bis hin zu den eigenen Mitarbeitern. All diese Varianten haben gemein, dass über ein vereinheitlichtes *Frontend*, ein Zugang zu unterschiedlichen *Backend*-Systemen geschaffen wird.

3.1. Begriffsdefinition

Die Interpretation des Begriffs Portal reicht im allgemeinen Sprachgebrauch äußerst weit. Daher werden hier zunächst zwei Definitionen aufgeführt, die zum einen die Bezeichnung Portal klar abgrenzen und zum anderen weit genug gefasst sind, um die unterschiedlichen Formen und Ausprägungen zu umfassen.

Die erste Definition nach Chan[1] umschreibt das Gebiet der Portallösungen noch relativ grob, beinhaltet jedoch die wesentlichen Merkmale von Portalen: Ein Portal ist „eine Web-Anwendung, in der Inhalte, Dienste und Funktionen integriert werden". Diese Auslegung beschränkt sich auf die softwareabhängigen Merkmale und wird in dieser Arbeit daher um folgende Begriffsbestimmung von Schelp[2] erweitert: „Es handelt sich um Anwendungstypen, die das Internet als Kommunikations- und insbesondere als Vertriebsmedium erschließen und sich stärker als die traditionellen Applikationen an den Geschäftsprozessen und den Kunden orientieren.".

Hier kommt ein weiterer wichtiger Aspekt hinzu, nämlich die Ausrichtung einer Portallösung an den Bedürfnissen und Prozessen eines Unternehmens.

Dobièy definiert Portale durch die Metapher des klassischen architektonischen Portals. Im Zusammenhang mit Unternehmensportalen behält diese Metapher ihre Gültigkeit, wenn auch in einer etwas anderen Form. Ein Portal besteht aus virtuellen Räumen, von denen jeder Raum unterschiedliche Informationen und Applikationen enthält, die für den einzelnen Mitarbeiter von unterschiedlicher Bedeutung sind[3]. Die Entwicklung des Electronic Human Resources Management zeigt den Weg von den einzelnen Self-Service-Lösungen zu Unternehmens- oder Mitarbeiterportalen auf.

Alle diese Portale haben gemeinsam, dass auf einer Oberfläche Informations-, Kommunikations- und Workflow-Funktionen zusammengefasst werden. Von den Portalen versprechen sich Unternehmen eine generell bessere Produktivität bei den Informations- und Geschäftsprozessen sowie eine höhere Mitarbeiter-zufriedenheit. Semmer und Heinrich haben sehr passend definiert, was ein Portal ist und was nicht.

Abb. 3: Portaldefinition[4]

Ein Portal ist
- Eine personalisierte Kommunikations- und Interaktionsplattform für die Mitarbeiter und Partner eines Unternehmens
- Ein Tool zur effektiven und effizienten Gestaltung der täglichen Arbeit
- Ein sicherer Zugang zu allen relevanten Informationen, Applikationen und Services über unterschiedlichste Kommunikationswege im Unternehmen
- Eine Möglichkeit, die eigenen persönlichen Daten dezentral zu pflegen
- Eine Plattform, um Prozesse webfähig, zeitsparend und schlank zu gestalten
- Ein Hilfsmittel zum Treffen von Entscheidungen aufgrund aktueller Informationen
Ein Portal ist keine
- Intranet Homepage
- Office-Anwendung mit der man operative Tätigkeiten erledigen kann
- einheitliche Oberfläche für verschiedene Programme ohne eigene Funktionen

3.2. Begriffsabgrenzungen

Die große Anzahl an unterschiedlichen Portalbezeichnungen lässt sich grob fünf verschiedenen Portalarten zuordnen, die sich hinsichtlich ihrer internen bzw. externen Ausrichtung und ihres privaten oder öffentlichen Charakters unterscheiden.

---

[1] Vgl. Chan,Michael/Chung, Walter: A framework to develop an enterprise information portal for contract manufacturing.,in: International-Journal-of-Information-Management 21, S. 4
[2] Vgl. Schelp, Joachim/Winter, Robert: Enterprise Portals und Enterprise Application Integration
[3] Vgl. Dobièy, Dirk: Das Unternehmensportal: Schaltzentrale des digitalen Unternehmens, Hewlett Packard White Paper, auf: http://www.competence-site.de/C125693E0069CD59/0/19C3F3CC5BC6C2F6C1256AD40057B5D6?Open vom 17.02.04
[4] Vgl. Semmer, Frank/Heinrich, Frank:Leitfaden zur Einführung, in: Personalwirtschaft , S.26 ff., auf: http://mwonline.de/db/journals/jiss_display.php3?ji_id=322 vom 17.02.04

Abb. 4: Portallösungen

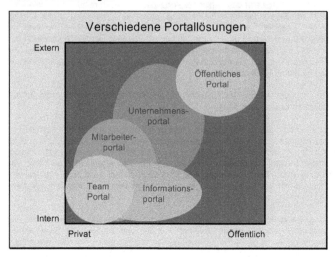

Teamportal: Ein Teamportal dient dem Dokumenten- und Wissensmanagement innerhalb einer klar definierten Gruppe, zum Beispiel im Rahmen einer Praktikergemeinschaft oder einer Projektgruppe.

Informationsportal: Das Informationsportal stellt die traditionelle Form des Intranet, manchmal noch erweitert um Funktionen des Wissensmanagements dar. Gewöhnlich geht es bei diesen Portalen um die Aggregation von Inhalten.

Mitarbeiterportal: Mitarbeiterportale stellen den nächsten Schritt der Portalentwicklung dar. Diese Portale sind mit signifikanten Prozessveränderungen, weitestgehend im Personalbereich verbunden und bieten zusätzliche Funktionalitäten im Bereich des *Content Management*, also der Verwaltung von Inhalten[1].

Unternehmensportal: Unternehmensportale sind Portale, die für ein bestimmtes Unternehmen geschaffen werden, damit dieses Unternehmen in der Lage ist, mit den relevanten Kontaktpunkten effektiv und effizient umzugehen. Diese Kontaktpunkte können sich sowohl inner- als auch außerhalb eines Unternehmens befinden[2].

Öffentliches Portal: Ein öffentliches Portal ist für alle Internetnutzer zugänglich. Ein Beispiel hierfür ist Yahoo! oder Web.de.

Während ein **Teamportal** einer kleinen, klar definierten Arbeitsgruppe für das Dokumenten- und Wissensmanagement zur Verfügung steht, stellt das **Informationsportal** das dar, was gemeinhin als Intranet bezeichnet wird – eventuell erweitert um die Funktion des Wissensmanagements – also für gewöhnlich die Zusammenstellung von Inhalten. Ein **Unternehmensportal** soll das Unternehmen in die Lage versetzen mit allen inner- sowie außerbetrieblichen Schnittstellen effektiv und effizient umgehen zu können. **Öffentliche Portale** sind für jedermann über das Internet zugänglich (z.b. Lycos, Yahoo!, etc.).
Die so genannten **Mitarbeiterportale** sind Teil der jungen Disziplin des Business-to-Employee. Als solches vereinfachen und verbessern sie vor allem die Kommunikation und Transaktionsprozesse zwischen dem Unternehmen und seinem Personal. Darüber hinaus bieten solche Portale dem einzelnen Mitarbeiter auch einen Mehrwert, der über das für den Berufsalltag nötige hinausgeht. Dies

---

[1] Vgl. Internetrecherche vom 17.02.04 auf: http://h40047.www4.hp.com/solution/portale/b2e_typ.html
[2] Vgl. Dobièy, Dirk: Das Unternehmensportal: Schaltzentrale des digitalen Unternehmens, Hewlett Packard White Paper, auf: http://www.competence-site.de/C125693E0069CD59/0/19C3F3CC5BC6C2F6C1256AD40057B5D6?Open vom 17.02.04

soll die Akzeptanz des Portals unter den Beschäftigten erleichtern und zu einer höheren Mitarbeitermotivation führen.

Materna definiert deshalb ein Mitarbeiterportal folgendermaßen: „Ein Mitarbeiterportal stellt Anwendungen, Prozesse und Inhalte zentral und personalisiert über eine Internetbasierte Arbeitsplattform zur Verfügung."[1]

Häufig trifft man in der Literatur auch auf die Verwendung des sehr schwammigen Begriffs „Enterprise Portal", welcher unterschiedlich weit interpretiert wird. Spricht man vom **Enterprise Portal i.e.S.**, wird darunter ebenfalls die persönliche Arbeitsumgebung verstanden, die dem Angestellten als Web-Angebot alle Funktionalitäten bietet, die er für seine Aufgabenerfüllung benötigt. Diese Eingrenzung deckt sich mit der andernorts verwendeten Bezeichnung des **Enterprise Information Portal**, welches man somit auch dem Begriff Mitarbeiterportal gleichsetzen kann.

Was unterscheidet nun aber – abgesehen von der Vielzahl der verwendeten Bezeichnungen – ein Mitarbeiterportal von einem gewöhnlichen Intranet? Im Gegensatz zum Intranet handelt es sich bei einem Portal nicht nur um eine bloße, meist statische Informationsbereitstellung, sondern um die Abbildung der Geschäftsprozesse auf einer zentralen Plattform. Ein weiterer Unterschied besteht in der Personalisierung, sowie im so genannten Single-Sign-On-Mechanismus, der den Zugriff auf alle für den Mitarbeiter relevanten Applikationen mit einer einzigen Anmeldung ermöglicht. (Vgl. Kapitel 3.4.1.2.3. Single-Sign-on)

3.3. Das Human Resources-Portal als Business-to-Business Plattform

Nach Studien von Forrester Research hatte das Internet bereits 2001 mehr als 1,3 Millionen Unternehmen vernetzt. Aus solchen firmenübergreifenden Netzwerken sind Tausende Business-to-Business Portale entstanden. Diese neuen Portale stellen Wissenswertes für die Geschäftswelt zusammen. Sie sind spezialisiert für alle Branchen (Versicherungen, Banken, Bauwesen), Geschäftsbereiche (Einkauf, Vertrieb, Personalwesen) oder Tätigkeitsfelder (Pädagogik, Finanzwesen, Physik). Unternehmen richten zuweilen eigene Portale ein, die ganze Branchen oder Berufsgemeinschaften zusammenbringen sollen.

Gerade in wirtschaftlich schwierigen Zeiten hat sich neben den klassischen Personalmanagement-lösungen eine spezielle Portalform herausgebildet. Diese Portale beschäftigen sich mit dem Schwerpunkt Krisenmanagement. Stein betont, dass sich Unternehmenskrisen oft aus einer verfehlten Personalarbeit ergeben. Daher stellt eine Krise im Unternehmen eine zentrale Herausforderung für die (Personal-)Führungsqualität der Führungskräfte dar. Beispiele sind www.gruenderwelt.de für Start-ups und Existenzgründer, www.themanagment.de mit Linksammlungen zu konkreten Krisenthemen oder www.akademie.de. Stein kritisiert, dass die Krisenmanagement- Portale das Thema Personalmanagement weitgehend ignorieren oder teilweise laienhaft abhandeln. Daher sollten Unternehmen, die in Krisen professionelle personalwirtschaftliche Hilfe benötigen, die klassischen Human Resources Portale bevorzugen[2].

Portale helfen nicht nur bei der Personalsuche, sondern bieten eine komplette Betreuung rund ums Personalmanagement. Oft bündeln Portale die Angebote von verschiedenen Personaldienstleistern unter einem Dach. Der Nutzer findet Software-Tools zum Gehaltsvergleich, Hilfe bei der Zeugniserstellung, News, Termine von Weiterbildungsangeboten und vieles mehr. Lüdi bezeichnet Human Resources Portale als den vorläufigen Endpunkt einer Entwicklung, bei der einfache Jobbörsen zu Karriereplattformen und virtuellen Personalmanagement-Portalen ausgebaut wurden[3].

3.3.1. Formen von Portalen

Portale erfreuen sich inzwischen in der Internet-Welt einer großen Beliebtheit. Hervorgegangen aus Suchmaschinen werden Web-Portale von einer Vielzahl von Anbietern, wie zum Beispiel Yahoo, AOL, Altavista und Netscape, angeboten. Diese Web-Portale bieten neben Suchfunktionen und einem

---

[1] Vgl. Materna GmbH: Das Tor zum Wissen. Online im Internet, Abfrage: 17.02.04,
   http://www.materna.de/Internet/de/Loesungen/Information/EP/f-004.jsp
[2] Vgl. Stein, Volker: Krisenmanagement-Portale. Wo bleibt das Personalmanagement?, in: Personalwirtschaft, S. 12/
   http://www.orga.uni-sb.de/personen/stein/vspubli.htm vom 17.02.04
[3] Vgl. Lüdi, Markus: Integrierte Betreuung durch HRM-Portale, auf: http://www.competence-
   site.de/personalmanagement.nsf/0/b32c34b63223482c1256a5e002d6efb?OpenDocument vom 17.02.04

Angebot populärer Web-Seiten eine Vielzahl von weiteren Diensten, wie zum Beispiel E- Mail, Shopping, Diskussionen und Chat. Heutige Web-Portale sind das Ergebnis einer Evolution im World Wide Web. Eine Vielzahl der Benutzer im Internet wünscht sich einen zentralen und einfachen Zugangspunkt, einen Single Point of Access, von dem aus Verbindungen zu den relevanten Informationen und Diensten hergestellt werden können. Folgende Formen von Portalen haben sich bisher entwickelt. Ein klassisches Human Resources Portal kann eine einzelne Form oder eine Kombination aus mehreren dieser Art darstellen.
http://www.wissensmanagement.net/online/archiv/2000/06_0700/Unternehmensportale.htm - a

3.3.1.1. Publishing Portals

Bei den Publishing Portals steht die Präsentation von Informationen im Mittelpunkt. Neben der zentralen Publikation über einen Content Manager bieten einige Publishing Portals auch dezentrale Konzepte an. Diese ermöglichen es den Benutzern, zumindest in bestimmten Bereichen des Portals neue Informationen einzustellen.

Abb. 5: Hyperwave: ein Publishing Portal

Einige Portale bieten die Möglichkeit der Integration externer Informationsquellen, wie zum Beispiel eines sich im Einsatz befindlichen Groupware-Systems oder des Dateisystems im Unternehmen. Typische Funktionen von Publishing Portals sind Dokumentenmanagement-Funktionen für die Verwaltung von Web- und Desktop-Dokumenten und eine umfangreiche Metadatenverwaltung, um Verknüpfungen zwischen den Inhalten herstellen zu können. Die Portale verfügen über einfache Workflow-Funktionen zur Unterstützung von Freigabe- und Review-Prozessen. Anbieter solcher Portale sind zum Beispiel Autonomy, Gauss Interprise, Hyperwave und Verity[1].
http://www.wissensmanagement.net/online/archiv/2000/06_0700/Unternehmensportale.htm - a

3.3.1.2. Collaborative Portals

Bei Collaborative Portals steht die Unterstützung der verteilten Gruppenarbeit im Mittelpunkt. Es soll die Kommunikation, Kooperation und Koordination zwischen den Teammitgliedern verbessert werden. Typisch sind gemeinsame Arbeitsbereiche, auf die Teammitglieder von verschiedenen Standorten

---

[1] Vgl. Föcker, Eckbert/Lienemann, Carsten: Informationslogistische Dienste für Unternehmensportale, auf:
   http://www.wissensmanagement.net/online/archiv/2000/06_0700/Unternehmensportale.shtml vom 17.02.04

zugreifen und in denen sie Dokumente ablegen und bearbeiten können. Beispiele sind Documentum, Lotus und Open Text.

Abb. 6: Documentum: ein Collaborative Portal

http://www.wissensmanagement.net/online/archiv/2000/06_0700/Unternehmensportale.htm - a

3.3.1.3.Decision Portals

Die Verdichtung von Daten, die schwerpunktmäßig in operativen Systemen wie zum Beispiel in ERP[1]-Systemen vorliegen, sind Gegenstand von Decision Portals. Hier werden Portale eingesetzt, um den Benutzer mit den Auswertungen zu versorgen, die für ihn von Relevanz sind. Die Anbieter stammen hauptsächlich aus den Bereichen Executive Information Systems, OLAP-Datenbanken und Data Warehouse.
Beispiele sind Brio, Business Objects, Cognos und Hummingbird. Sie stammen hauptsächlich aus den Bereichen Executive Information Systems, OLAP-Datenbanken und Data Warehouse[2].

---

[1] ERP: Enterprise Resource Planning auf: http://www.signum-net.de/index.html?specials/ebusiness/w.htm vom 17.02.04
[2] Vgl. Föcker, Eckbert/Lienemann, Carsten: a.a.O., o. S.

Abb. 7: Hummingbird: ein Decision Portal

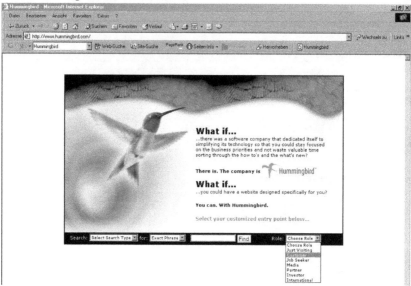

3.3.1.4.Operational Portals

Bei dem vierten Typ von Unternehmensportalen, den Operational Portals, steht die Durchführung von operativen Tätigkeiten über eine Portal-Arbeitsumgebung im Mittelpunkt. Operational Portals verstehen sich als ein Portal zu den IT-Systemen im Unternehmen.

Abb. 8: Integration der Anwendungen im ANFIS

Sie integrieren serverbasierte Anwendungen und binden weitere Informationsquellen und Dienste ein, die für die Durchführung der operativen Aufgaben von Nutzen sein können.

Angeboten werden Operational Portals von einigen Herstellern von Enterprise Resource Planning-Systemen und von Application Service Providern. Der Durchbruch dieses Portal-Konzeptes hängt jedoch stark von einer reibungslosen Integration der Anwendungen ab[1]. Beispielhaft ist in der obigen Grafik die Integration der Anwendungen im ANCOSO Firmen- Informationssystem (ANFIS) dargestellt. Diese Softwarelösung der ANCOSO Business Technology AG lässt sich problemlos in bestehende Softwarearchitekturen der Unternehmen integrieren.

Ein weiteres Beispiel für ein Operational Portal ist das mySAP.com Enterprise Portal.

Abb. 9: mysap.com: ein Operational Portal

http://www.wissensmanagement.net/online/archiv/2000/06_0700/Unternehmensportale.htm - a

3.3.2.Bekannte und genutzte Human Resources Portale

Viele Human Resources Portale gehen mit ihren Dienstleistungen am Bedarf der Personalverantwortlichen vorbei. Laut einer Untersuchung der Westerwelle AG haben nur wenige Portale im Vorfeld die Wünsche der Zielgruppe erfragt und versucht, umzusetzen. Nur elf der untersuchten Human Resources Portale entsprechen den Anforderungen der Personalverantwortlichen[2]. Diese Anforderungen waren von 100 Personalexperten telefonisch erfragt worden. Bei der Vorauswahl wurden die Portale nach den Kriterien: deutschsprachig, keine Jobbörse

---

[1] Vgl. Föcker, Eckbert/Lienemann, Carsten: a.a.O., o. S.
[2] Vgl. NN: Überzeugende Personalportale sind rar, in: Computerwoche, S. 65

und Leitung durch Personalfachleute noch erheblich eingegrenzt. Bei der Frage nach dem Bekanntheitsgrad bestimmter Portale und deren Nutzung wurden viel häufiger Jobbörsen genannt[1].

Abb. 10: Bekanntheitsgrad der Portale

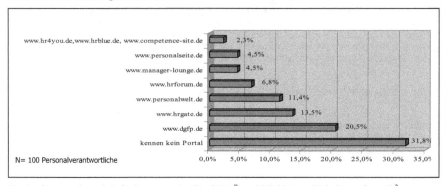

Das Ranking wurde nach Anforderungen wie Aktualität, Übersichtlichkeit und Inhalten aufgestellt[2].

Abb. 11: Ranking

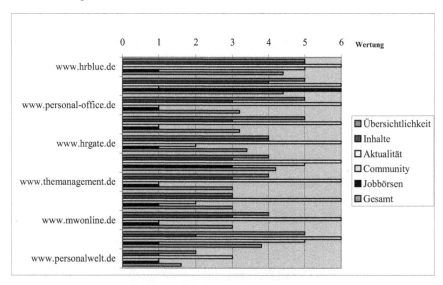

3.3.3. Studie „Electronic Human Resources Management"

Der Lehrstuhl für Personalmanagement hat die teilnehmenden Unternehmen nach dem Bekanntheitsgrad und der Nutzung von Human Resources Portalen befragt. Da viele Portale gebührenpflichtig sind, begründeten die Personalmanager die Nichtnutzung und schätzten den Preis, den sie bereit wären, für bestimmte Dienste zu zahlen[3].

---

[1] Vgl. Engel, Andrea: HR-Portale. Besucher gesucht, in: managerSeminare, S. 26 ff.
[2] Vgl. Fuchs, Angelika: Portale für das Personalwesen, in: Personalwirtschaft, S. 82 f.
[3] Vgl. Ackermann, Friedrich/Eisele, Daniela/Bahner, Jens/Fellmann, Heiko/Festerling, Sonja: a.a.O., S.1 ff.

Der Bekanntheitsgrad vieler Portale lag über 50 Prozent. Dieses Ergebnis ist erstaunlich, da viele Dienste erst seit kurzem im Internet angeboten werden. Hier unterscheiden sich die Unternehmensmeinungen weder in Größe, Branche noch Standort.

Abb. 12: Bekanntheitsgrad von Portalen

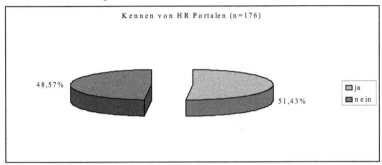

Der Nutzungsgrad dagegen ist noch eher gering. Über 75 Prozent der Nutzer arbeiten unregelmäßig mit Human Resources Portalen. Kostenpflichtige Portale wie zum Beispiel HRgate (10 Prozent) oder HRblue (4 Prozent)werden noch seltener genutzt. Personalmanager loben den Informationsumfang und die technische Umsetzung vieler Portale.

3.3.3.2. Nutzung

Viele Unternehmen begründeten die Nichtnutzung von Human Resources-Portalen mit dem hohen Zeitaufwand und einem geringen Bedarf an zusätzlichen Informationen im Unternehmen. Die Befragten bemängelten die Qualität und Quantität der Informationen.

Die technischen Voraussetzungen wurden kaum als Hindernisgrund angegeben, da die Einführung mehrerer Electronic Human Resources-Lösungen dieses Problem bereits beseitigt. Allerdings spielen die Kosten für die Nutzung eine erhebliche Rolle.

Abb. 13: Kennen und Nutzung von HR- Portalen in Prozent

Plattform	Bekannt bei	Genutzt von	N
HR4You	51%	3%	75
Hrforum	73%	17%	74
HRblue	35%	1%	75
HRgate	40%	4%	74
Personalwelt	31%	7%	77
Mwonline	17%	11%	76
Weitere Portale mit mehrmaliger Nennung: DGFP, redmark und Arbeitsrecht			

Abb. 14: Gründe für Nichtnutzung

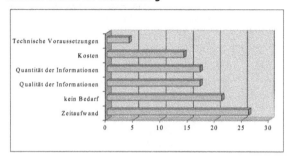

Fast 90 Prozent der Unternehmen, die Human Resources-Portale kennen und nutzen, sind bereit, für die Dienstleistung zu bezahlen. Über die Hälfte der Befragten würde bis 1000 EUR jährlich für die Nutzung bezahlen.

Diese Antwort steht im Widerspruch zu den Gründen der Nichtnutzung. Dort hatten viele Unternehmen gerade die Kosten als Grund für die Nichtnutzung angegeben. Gebührenpflichtige Portale werden weitaus weniger genutzt. Diese Zahlungsbereitschaft der Unternehmen lässt sich nicht nach Unternehmensgröße kategorisieren.

Abb. 15: Zahlungsbereitschaft für Leistungen von HR- Portalen

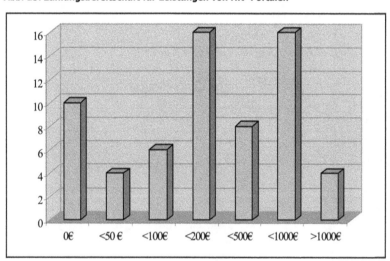

3.4. Das Mitarbeiterportal als Business-to-Employee Plattform

Das Mitarbeiterportal ist die logische Weiterentwicklung vom Intranet, das zuerst als internes Informationsmedium diente. Technisch ist das Mitarbeiterportal eine webbasierte Anwendung, die mittels des Internet-Browsers sämtliche Informationen, Prozesse und Applikationen eines

Unternehmens auf einer gemeinsamen und einheitlichen Oberfläche bündelt und allen Mitarbeitern personalisiert zur Verfügung stellt.
Informationen, die zur Verrichtung der täglichen Arbeit benötigt werden, können vom Mitarbeiter schnell und aktuell über das Mitarbeiterportal beschafft und weitergegeben werden. Betriebliche Arbeitsabläufe und administrative Aufgaben werden durch Geschäftsanwendungen und entsprechende Services effizient unterstützt.
Franke nennt das Mitarbeiterportal Unternehmensportal oder Enterprise Information Portal[1]. Unternehmensportale sind für ihn das zentrale Instrument zur Umsetzung des Electronic Human Resources Management. Sie beziehen alle Funktionsbereiche des Unternehmens ein und werden zukünftig das universelle Online-Arbeitsmittel für die gesamte Belegschaft des Unternehmens sein.

Das Unternehmen möchte seine internen Geschäftsprozesse optimieren und die Kommunikation zu seinen Mitarbeitern verbessern. Dieses Verhalten prägte den Begriff des Business to Employee (B2E)[2]. Business-to-Employee Portale sollen das Browsen innerhalb als auch außerhalb des Firmennetzes vereinfachen.
Nach Aussagen der Meta Group werden 85 Prozent aller Unternehmen bis zum Ende 2002 ein oder mehrere Intranet-Portale eingerichtet haben. Nach Analyse der Marktforscher dienten solche Unternehmensportale bis 2001 vor allem dem unternehmensinternen Informationsaustausch, um dann zwischen 2001-2004 in großer Zahl zu Extranetportalen ausgebaut zu werden[3]. Ab 2004 werden Unternehmensportale ein unentbehrlicher Bestandteil jeder IT-Architektur sein. Aufgrund ihrer Eigenschaft, Daten und Anwendungen im Kontext eines Geschäftsprozesses zu integrieren und miteinander in Beziehung zu setzen.

3.4.1. Eigenschaften von Mitarbeiterportalen

Das Portal fungiert als Tor zur internen und externen Online-Datenwelt für jeden Mitarbeiter, jederzeit und überall. Unternehmensportale können sehr unterschiedlich ausgestaltet sein.

Abb. 16: Unternehmensportal

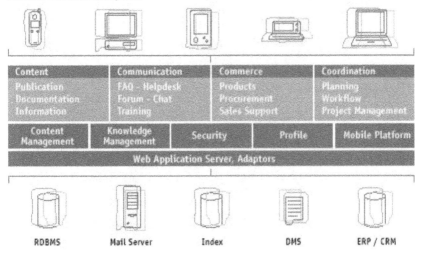

---

[1] B2E kann auch als Business to Enterprise verstanden werden
[2] Vgl. Franke, Martin: Unternehmensportale: gestalterische Chance für das Personalwesen, in: Personal, S. 14 ff.
[3] Vgl. NN: Whitepaper Unternehmensportale, a.a.O., o. S.

3.4.1.1.Ziele

Mitarbeiterportale dienen dazu, die Verständigung und verschiedene Wechselbeziehungen zwischen Unternehmen und Beschäftigten zu unterstützen, zu vereinfachen und zu verbessern. Sie sollen so als Instrument für die Mitarbeiterführung und –motivation eingesetzt werden.
An der Zuordnung zum relativ neuen Bereich des B2E lässt sich ein zentraler Grundgedanke erkennen – nämlich die Auffassung des Mitarbeiters als Kunden. So werden diesem verschiedene Services geboten, die zum einen die Effizienz von Geschäftsprozessen steigern und damit Kosten einsparen und zum anderen durch zusätzliche Angebote die Zufriedenheit der Mitarbeiter und damit die Produktivität erhöhen.

3.4.1.2. Grundfunktionen von Mitarbeiterportalen

Die Funktionalitäten eines Mitarbeiterportals können ein weites Spektrum abdecken. Eine Basisfunktionalität, begründet durch die ursprüngliche Auslegung des Begriffs Portal als Einstiegsseite einer Internet-Suchmaschine, bilden auch heute Suchfunktionen.
Die nachfolgenden Grundfunktionen sind in der Regel bei allen vorhanden und können daher als kennzeichnend angesehen werden[1].

3.4.1.2.1. Personalisierung

Ein Großteil der heutigen Web-Portale bietet die Möglichkeit zur Personalisierung des Portals. Bei einem personalisierten Portal meldet sich ein registrierter Benutzer an und kann das Portal nach seinen inhaltlichen Interessen und benötigten Diensten konfigurieren.

Diese Konfiguration wird gespeichert, so dass dem Benutzer beim nächsten Anmelden die Inhalte bereitgestellt werden, die seinen Interessen und Bedürfnissen entsprechen.

Diese rollenbasierte Personalisierungsfunktion ermöglicht dem Mitarbeiter eine eigene Gestaltung und Strukturierung. Er kann so eine für ihn sinnvolle Auswahl aus der Vielzahl von angebotenen Informationen treffen. Mediaapps stellt verschiedene Personalisierungstechniken vor[2].

Abb. 17: Personalisierungstechniken

Suche per Schlagwort:	Der Nutzer führt eine herkömmliche Suche auf einer Suchmaschine wie Voilà oder Yahoo! durch.
Mailing-Liste:	Der Nutzer abonniert E-Mail Newsletter.
Benachrichtigung:	Der Nutzer meldet seine Interessen bei einem Benachrichtigungs- Service an und wird per E-Mail automatisch über die neuesten Entwicklungen informiert.
Webcasting:	Der Nutzer gibt seine Interessen über ein Internetformular ein und erhält maßgeschneiderte Informationen über eine persönliche Webpage
Cookies:	Internetdienstleister erkennen Nutzer anhand eines auf seiner Festplatte gespeicherten Profils.
Shared-Filtering:	Aufbauend auf Erfahrungen mit ähnlichen Nutzern werden zusätzliche Dienstleistungen angeboten.
Matching:	Der Nutzer bekommt auf sein Profil zugeschnittene Informationen. Das Profil wird bei jedem Besuch verfeinern.
One -to- One:	Nach Analyse der Profile tatsächlicher oder potentieller Nutzer werden Personalisierungskriterien definiert.

3.4.1.2.2. Informationsaggregation

Dem Mitarbeiter werden Informationen unterschiedlichster Formate und Herkunft gebündelt zur Verfügung gestellt. Die Daten können zum Beispiel Texte, Tabellen, Audio- oder Videodateien, Bilder oder E-Mails sein. Den Nutzer interessiert kaum, dass die Daten aus unternehmensinternen Datenbanken, Host-Anwendungen oder Enterprise Resource Planning-Anwendungen stammen[3].

---

[1] Vgl. Franke, Martin: a.a.O., S. 14 ff.
[2] Vgl. NN: Whitepaper Unternehmensportale, a.a.O., o. S.
[3] Vgl. NN: Whitepaper Unternehmensportale, a.a.O., o. S.

3.4.1.2.3. Single sign on

Der Mitarbeiter meldet sich am Portal mit einer Benutzername-Passwort-Kombination an, die ihm den Zugriff auf alle Dienste des Portals im Rahmen seiner Rolle ermöglicht. Es ist keine aufwendige Passwortverwaltung oder ein umständliches Durchlaufen von Anmeldeprozessen notwendig. Die Zugriffsberechtigung für die Nutzer kann zentral gesteuert werden[1].

3.4.1.2.4. Permanente und globale Verfügbarkeit

Der Mitarbeiter kann das Portal mit einem einfachen Internet-Zugang nutzen. Die Anwendungen sind dabei nicht auf den Computer am Arbeitsplatz beschränkt. Über ein Notebook, Handheld Personalcomputer oder andere mobile Geräte kann der Nutzer ebenso auf das Portal zugreifen. So können Portalanwendungen die gesamten Vorteile des World Wide Web nutzen.

3.4.2. Vorgehensweise bei der Einführung

Überträgt man die beschriebenen Eigenschaften von Mitarbeiterportalen auf die anderen Portalarten, so ist die Zielsetzung bei einer Einführung klar umrissen: Man benötigt „die Definition einer strategischen Zielarchitektur, die einerseits durch einen hohen Grad an Wiederverwendbarkeit von Komponenten und durch eine (...) reduzierte Gesamtkomplexität kosteneffizienter ist, auf der anderen Seite durch eine konsequente Mehrschichtenarchitektur einen hohen *Time-to-Market* und über-greifende Systemkonsistenz garantiert".[2] Auf diese Weise lassen sich die meisten Erfolgsfaktoren umsetzen: Die Akzeptanz der Mitarbeiter wird durch einen schnellen *Time-to-Market* ebenso erhöht, wie die Management-Unterstützung. Durch die erhöhte Kosteneffizienz wird der ROI beschleunigt und durch die Wiederverwendbarkeit der Komponenten und der reduzierten Komplexität die Skalierbarkeit und der schnelle Zugriff ermöglicht. Ohne eine strategische Planung hingegen könnte es leicht zur Implementierung von Quick-and-Dirty-Lösungen führen, welche die zu Beginn skizzierte Problemsituation mittelfristig nur noch verschärfen würden.

Auch Bauer betont, dass Klarheit in der Planung und Strategie, sowie Rückhalt im Management für ein solches Projekt erforderlich sind. Daher empfiehlt es sich die Grundsätze in einem zusammenfassenden Dokument festzuhalten. In einem solchen **Whitepaper** werden Absichten und Teilziele erklärt und definiert.

3.4.2.1. Anwendungsarchitektur

Bei nahezu allen Unternehmen gibt es „gewachsene" EDV-Anwendungen. „Da in solche Anwendungen sehr viel Geld und Wissen investiert worden ist, kann man sie nicht einfach über Nacht durch neue webgerechte Applikationen ablösen, vielmehr muss man sie integrieren."[3] Auch nach Schelp gilt bei solchen *Legacy-Systemen* die Losung **Integration statt Migration**.

Demnach gibt es nur noch drei Fälle in denen eine Migration vorzuziehen ist: Wenn es für die Technologie kein Wartungspersonal mehr gibt, wenn die Hardware bzw. Basissoftware der Anwendung nicht mehr gewartet wird oder wenn das Anwendungssystem nicht mehr die Mindestanforderungen der User erfüllt. In allen anderen Fällen ist eine Integration der bestehenden Systeme vorteilhafter. Daher besteht die entsprechende Architektur meist aus einer zusätzlichen Integrationsschicht, an welche alle Applikationen angebunden werden.

---

[1] Vgl. Iten, Pascal A./Herren, Thomas: Portale erleichtern die Alltagsarbeit, in: Personalwirtschaft, S. 80 ff.
[2] Vgl. Gröger, Stefan: EAI-Konzepte als strategischer Wettbewerbs- faktor im Transformationsprozess bestehender IT-Infrastrukturen im Bankenumfeld. in: [Mein]
[3] Vgl. Bauer, Herbert: Unternehmensportale – Geschäftsmodelle, Design, Technologien. Galileo Press, Bonn

Abb. 18: Anwendungsarchitektur

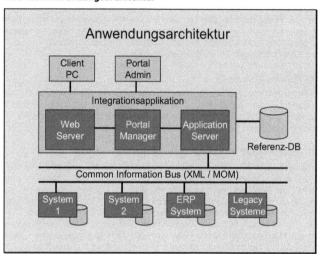

Eine solche vorgelagerte Integration der betrieblichen Applikationen ist nötig, wenn das Portal Informationen aus vielen Quellen integriert darstellen und die Komplexität des Gesamtsystems beherrschbar sein soll. „Die Integration erst innerhalb der Portallösung führt zu einer nur punktuellen Integration mit den vorgelagerten Systemen und ist nur dann sinnvoll, wenn keine weitere Applikation auf die integrierte Sicht zugreifen soll und die Anzahl der zu integrierenden Systeme gering ist."[1]

Zentrale Komponente der Architektur ist der Common Information Bus (CIB), zu Deutsch ein Nachrichten-orientierter Kommunikationsbus, über den integrierte Applikationen z.B. mit *XML* asynchron kommunizieren können. Die angeschlossenen Teilsysteme können sowohl untereinander als auch mit der Integrationsapplikation – genauer dem Applikationsserver – Nachrichten austauschen. Die Integrationsapplikation selbst bietet folgende Funktionalitäten:

- Automatisierung und Überwachung der integrierten Geschäftsprozesse
- Zentrale Kontrolle durchgeführter Kommunikationen innerhalb der Lösung
- Ansteuerung der Referenzdatenbank

In einer solchen Referenzdatenbank werden Daten gespeichert, die von mehr als einer integrierten Anwendung benötigt werden.

Schickt ein Portalbenutzer Daten innerhalb einer Portalseite ab, werden diese als Serviceanfrage an den Applikationsserver weitergeleitet. Dieser weiß, welchen Applikationen er nun eine Anfrage stellen muss. Dies können auch Anfragen sein, bei denen er mehrere Anwendungen und Datenbanken hintereinander aufrufen muss. Sobald er die Antworten erhalten hat, setzt er die gesammelten Daten in Beziehung zueinander und kann zusätzliche Berechnungen ausführen. Abschließend sendet er das Ergebnis als *HTML*-Seite an den Webserver (auch Portalserver genannt).

Der Vorteil dieser Architektur liegt in ihrer iterativen Skalierbarkeit: Mit verhältnismäßig einfachen Mitteln kann in einem ersten Schritt eine Integrationsanwendung realisiert werden, die aber gleichzeitig offen für spätere Anforderungen ist. Außerdem sind die einzelnen Systeme weitgehend unabhängig voneinander, weshalb eine Änderung innerhalb einer Applikation gegenüber den anderen Systemen keine Auswirkung hat.[2]

---

[1] Vgl. Schelp, Joachim/Winter, Robert: Enterprise Portals und Enterprise Application Integration. in: [Mein]
[2] Vgl. Schmietendorf, Andreas/Dimitrov, Evgeni/Lezius, Jens/Dumke, Reiner: Enterprise Application Integration – Reifegrad, Architektur und Vorgehensweisen. in: [Mein]

Nach Schmietendorf kann die Vorgehensweise zur Integration bestehender Anwendungen entweder bottom-up oder aber top-down erfolgen.

Abb. 19: Vorgehensweise bei Integrationsprojekten

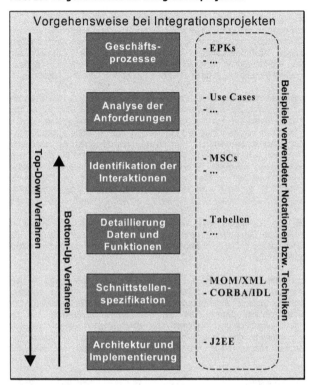

Um zu verhältnismäßig schnellen Ergebnissen zu kommen, kann man den eher pragmatischen Ansatz der Bottom-Up-Vorgehensweise verfolgen, welche die Interaktionen zwischen den zu integrierenden Systemen aus dem Kommunikationsbedarf der Einzelsysteme abzuleiten versucht. Jedoch besteht bei einer solchen Vorgehensweise die Gefahr, dass Erfordernisse aus dem gesamten Geschäftsprozess nicht erfasst werden, und somit die Gefahr einer Quick-and-Dirty-Lösung.

Der Top-Down-Ansatz hingegen scheint für die Erfüllung der Kundenwünsche besser geeignet. Er leitet den Integrationsbedarf aus den Geschäftsprozessen ab, hat jedoch zur Folge, dass die darunter liegenden Anwendungen evtl. anzupassen sind, was letztlich den Aufwand der Integration in die Höhe gehen lässt. Daher kann es durchaus sinnvoll sein beide Vorgehensweisen miteinander zu kombinieren.

„Zu Beginn eines Integrationsprojektes sollte vordergründig der Bottom-Up-Ansatz verfolgt werden, mit zunehmender Laufzeit des Integrationsprojektes der Top-Down-Ansatz." [1] Auf diese Weise wird die Integration der *Legacy-Applikationen* Schritt für Schritt erhöht und die Komplexität des Gesamtprojektes reduziert. Diese Politik der kleinen Schritte ist vor allem in global operierenden

---

[1] Vgl. Schmietendorf, Andreas/Dimitrov, Evgeni/Lezius, Jens/Dumke, Reiner: Enterprise Application Integration – Reifegrad, Architektur und Vorgehensweisen. in: [Mein]

Konzernen mit lokalen Landesgesellschaften, die alle Profit- und Loss-Verantwortung tragen, erfolgs-versprechender als es große Lösungen sein könnten[1].

Im Folgenden sollen die in Abbildung 20 aufgeführten Stichpunkte eines solchen Integrationsprojektes näher erläutert werden, wobei jedoch auf eine genaue Erklärung der einzelnen Notationen und Techniken verzichtet werden soll.

Eine Portaleinführung bedeutet unter anderem, die bestehenden Workflows webtauglich zu implementieren. Dazu müssen diese zuerst geklärt werden. Um die Ablauforganisation zu erfassen, muss also zunächst eine Dokumentation der Geschäftsprozesse stattfinden. Dieser Prozess erfolgt typischerweise in verschiedenen Abstraktionsstufen; von der „Top-Level"-Sicht bis hin zum detaillierten Geschäftsprozess. Hierfür eignen sich verschiedene Notationen, wie z.b. einfache Flussdiagramme, *ereignisgesteuerte Prozessketten* (kurz EPK) oder der Einsatz von UML *Use Cases*.

Anschließend erfolgt die Analyse der Anforderungen. Hier werden konkrete Akteure, innerhalb der Integrationslösung identifiziert. Unter Akteuren versteht man hierbei jeden Auslöser einer Interaktion. „Im optimalen Falle sollten Akteure direkt aus den Geschäftsprozessen hergeleitet werden können, in der Realität gehen entsprechende Zusammenhänge jedoch häufig aufgrund eines ungenügenden Detaillierungsgrades der Geschäftsprozesse verloren." Um diese Anforderungen zu modellieren werden in der Praxis unter anderem UML *Use-Case*-Diagramme verwendet, welche die Zusammen-hänge zwischen Akteuren und *Use Cases* aufzeigen und eine externe Sicht auf die Integration bieten. Bei dem – im Falle des Top-Down-Ansatzes – dritten Schritt der Umsetzung, der Identifikation der Interaktionen, werden aus den z.B. in Form von *Use Cases* analysierten Anforderungen die entsprechenden Interaktionen unter Rücksichtnahme der Möglichkeiten der zu integrierenden Systeme hergeleitet.
Zur Detaillierung der Daten und Funktionen sind „zu jeder identifizierten Interaktion die zu übertragenden Attribute, verwendete Datentypen, Mengengerüste sowie potenzielle Routing- und Mapping-Anforderungen festzuhalten. Die funktionalen Eigenschaften können mittels Zustandsdiagramm dokumentiert werden."[2]

Da sich das Portal an den Geschäftsprozessen orientiert, benötigt es Daten bzw. Funktionen, die über die nach Abteilungen getrennten bestehenden Applikationen verteilt sind; also so genannte Querschnittsanwendungen bzw. „horizontale" Applikationen. Für die Festlegung der Reihenfolge und der Bedeutung der zu übertragenden Daten dient die Schnittstellenspezifikation. Um die Kommunikation zwischen den verschiedenen Systemen zu ermöglichen werden zusätzlich Informationen zur Steuerung benötigt, die als einheitliche *Header*-Information den Nutzdaten vorangestellt übergeben werden. Hierzu werden standardisierten Spezifikation, wie z.B. *XML* verwendet.

Zu der Phase der Architektur und Implementierung gehören der Entwurf einer Integrationsarchitektur, die Implementierung bzw. Konfiguration der eingesetzten Technologien, entsprechende Testdurchführungen und die Vorbereitung der Einführung.

Neben diesen dargestellten Aspekten ist es insbesondere die sich schrittweise annähernde Vorgehensweise mit einer zusätzlichen Anwendung des *Time-Boxing*-Verfahrens, die auf organisatorischer Ebene zu einem erfolgreichen Integrationsprojekt-Projekt beitragen.

3.4.2.3.Technische Umsetzung

In diesem Unterkapitel soll keine Spezifikation für die technische Implementierung eines Portals dargestellt werden, vielmehr werden hier nach den organisatorischen Aspekten nun noch die bestehenden Möglichkeiten der technischen Realisierung beschrieben. Man kann hierbei grundsätzlich zwischen zwei Technologieplattformen auswählen; Java Server Pages (JSP) und Active Server Pages (ASP) von Microsoft. Eine dritte Möglichkeit besteht in Open Source Technologien, wie *PHP*, *Perl* oder auch *Java*. JSP und ASP haben vergleichbare Konzepte. Diese werden im Folgenden kurz beschrieben.

Java Server Pages basieren auf der Programmiersprache *Java* und haben sich in den letzten Jahren

---

[1] Vgl. Schulze, Carsten/Koller, Wolfram: Vorgehensweise bei EAI-Projekten – Theorie und Praxis. in: [Mein]
[2] Vgl. Schmietendorf, Andreas/Dimitrov, Evgeni/Lezius, Jens/Dumke, Reiner: Enterprise Application Integration – Reifegrad, Architektur und Vorgehensweisen. in: [Mein]

als sehr erfolgreich erwiesen. Vorteile der JSP sind u.a. die Einbindung in die *Java 2 Enterprise Edition* (J2EE) und die Möglichkeit der Nutzung aller *Java*-Dienste und *APIs*. JSP werden in einem Zusatzmodul des Web oder Portalservers ausgeführt, d.h. der Server benötigt eine Servlet-Erweiterung. An diese leitet der Server alle Client-Anfragen mit der Endung „.jsp" weiter, erhält die entsprechende Antwort und leitet diese wieder zurück zum User. Das bekannteste Beispiel für eine solche Erweiterung, auch Servlet Engine genannt, ist der Tomcat Server. Die Logikteile für die Präsentation oder den Geschäftsvorgang werden in den *HTML*-Code eingebettet. Wird eine JSP-Seite zum ersten Mal aufgerufen, so wird der darin enthaltene *Java*-Code kompiliert (übersetzt) und das Ergebnis in die *HTML*-Seite eingeschlossen.

Abb. 20: Lebenszyklus einer JSP-Seite

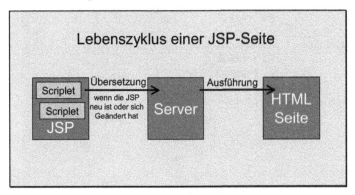

Active Server Pages wurden von Microsoft bereits vor JSP entwickelt und führten als erstes das Prinzip der Server-Page-Technik ein. Voraussetzung für ASP ist daher ein Windows-Betriebssystem, sowie der Personal Webserver bzw. der Internet Information Server, allesamt Microsoft-Produkte. Es gibt jedoch auch Software Anbieter, welche die nötige Laufzeitumgebung für ASP auch für andere Betriebssysteme bereitstellen. ASP basiert auf der Skriptsprache *Visual Basic* Script (VB), kann allerdings auch mit *JavaScript* verwendet werden. Der Ablauf (sowie die Syntax) entsprechen dem besprochenen von JSP.

Die wesentlichen Unterschiede zwischen den beiden Technologien sind:

- Bei JSP wird der in die Portalseiten eingebundene Code kompiliert, während ASP auf Skriptsprachen basiert
- *Java* ist breiter einsetzbar als die beiden Skriptsprachen
- JSP ist Bestandteil von J2EE und *Java* besitzt umfangreiche Bibliotheken

Welche der Technologien allerdings geeigneter ist, hängt zum Großteil von der bestehenden Systemlandschaft ab. Wählt man eine OpenSource-Lösung, wie *PHP*, benötigt man eine erfahrene IT-Abteilung. Auch bei kommerziellen Portalservern, die ebenfalls auf eine der genannten Technologien basieren, fällt die Entwicklung der einzelnen Portalkomponenten, Datenbankanbindungen und die Integration der Applikationen nicht weg.

3.4.3. Beispiel eines Vorgehensmodells für die Einführung eines Mitarbeiterportals

Reinhardt gliedert die Einführung eines Mitarbeiterportals optimal in vier Phasen: Analyse, Konzeption, Realisierung und Betrieb. Erfahrungsgemäß ist die stufenweise Einführung von Komponenten und Bereichen des Mitarbeiterportals sinnvoll. Reinhardt empfiehlt, Bereiche mit hoher Erfolgsgarantie zu bevorzugen, um eine schnelle Akzeptanz sicher zu stellen[1]. Iten favorisiert für den Aufbau ein Framework aus vier Modulen, mit denen das Portal themenorientiert erarbeitet wird. Die Modelle

---

[1] Vgl. Reinhardt, Wilko: Mitarbeiterportale, auf: http://www.e-trend.de vom 17.02.04

Geschäftsmodell, Content-Modell, Management-Modell und Technologie-Modell können einzeln betrachtet und in Phasen erarbeitet werden[1].

Abb. 21: Framework aus vier Modulen

Geschäftsmodell:	Content- Modell:
• Ziele	• Definition
• Erfolgskriterien	• Quellen
• Zielgruppe	• Hierarchien
• Anforderungen	• Präsentation
• Partnerschaften	• Platzierung
• Finanzen	• Navigation
• Meilensteine	
Management- Modell:	**Technologie- Modell:**
• Prozess:	• Architekturen
• Auswählen	• Plattformen
• Erstellen	• Werkzeuge
• Importieren	• Applikationen
• Speichern	
• Verteilen	
• Messen	
• Unterhalten	
• Vorschriften	
• Richtlinien	

3.4.3.1. Analyse

Zu Beginn der Einführung eines Mitarbeiterportals sollten alle bestehenden Systeme und Aktivitäten aufgenommen werden. Mit einer Stakeholderanalyse sind die Einflussfaktoren der Mitarbeiter, Führungskräfte und der Unternehmensleitung zu bewerten, um bereits frühzeitig auf deren Einflussmöglichkeiten auf den Projekterfolg einzugehen. Dann erfolgt eine Definition der Visionen und Ziele des Mitarbeiterportals. Alle Anforderungen sollten in einem Dokument festgeschrieben und bestätigt werden.

3.4.3.2. Konzeption

In der Konzeptionsphase wird das Vorhaben konkretisiert aus inhaltlicher, gestalterischer und technologischer Sicht. Zu diesem Zeitpunkt sollte bereits ein Konzept für die Einführung und Motivation der Mitarbeiter erarbeitet werden. Der Mitarbeiter ist als Kunde zu betrachten, der das System nutzen soll.

3.4.3.3. Realisierung

In der Realisierungsphase wird die Umsetzung des Mitarbeiterportals geplant und durchgeführt. Die Einführung eines Mitarbeiterportals sollte als Teil eines Veränderungsprozesses verstanden werden, da sie eine einschneidende Veränderung für die Kommunikationskultur im Unternehmen bedeutet.

3.4.3.4. Betrieb

Zu Beginn der Betriebsphase erfolgt der Rollout des Systems, das durch entsprechende Kommunikationsprozesse begleitet wird. Die konkreten Inhalte müssen eingestellt und die Mitarbeiter im Umgang mit dem System geschult werden. Während des Betriebes werden Daten über die Nutzung gesammelt, um die Nutzungsgewohnheiten der Mitarbeiter kennen zu lernen. Die Ergebnisse fließen dann in einen kontinuierlichen Verbesserungsprozess ein[2]. Die Volkswagen AG motiviert ihre Mitarbeiter durch ein besonderes Konzept. Seit April 2001 können die Mitarbeiter der Volkswagen AG vom Azubi bis zur Führungskraft den „Level 5 Internet Pass" erwerben. Die Mitarbeiter werden nicht

---

[1] Vgl. Iten, Pascal A./Herren, Thomas: Portale erleichtern die Alltagsarbeit, in: Personalwirtschaft, S. 80 ff.
[2] Vgl. Reinhardt, Wilko: a.a.O., o. S.

nur durch neues Wissen angelockt, sondern erhalten Zugang zum VW-Mitarbeiter-Portal, über das monatlich bis zu zehn Stunden kostenfrei im Internet gesurft werden kann. Die Mitarbeiter lernen mit Hilfe von Webbasierten Trainings Schritt für Schritt den Umgang mit dem Internet[1].

3.4.4. Entwicklungsstände bei Mitarbeiterportalen

Die Entwicklung von Business-to-Employee Portallösungen in deutschen Unternehmen kann in vier Entwicklungsstufen eingeteilt werden[2].

Abb. 22: Entwicklungsstufen von Portalen

Stufe 1: Die Intranet-Lösung stellt in erster Linie Informationen über das Unternehmen – Produkte, Organisation, einzelne Abteilungen und Services – bereit, die den Mitarbeitern zum Abruf zur Verfügung stehen.

Stufe 2: Zur Informationsgewinnung stehen zusätzlich Suchmaschinen zur Verfügung. Und die Anwender können auch auf externe Daten und Verzeichnisse zugreifen. Es werden allerdings Zugriffsrechte vergeben, so dass die Mitarbeiter über einen personalisierten Zugang nur bestimmte Informationen aus dem Netzwerk abrufen können oder beispielsweise eine Adressänderung direkt persönlich am PC vornehmen können (Employee Self Service).

Stufe 3: eben rollenspezifischer Zugriffsrechte der Mitarbeiter ist das Merkmal Interaktivität hervorzuheben, so dass Aufgaben bezogen Know- how- Träger und Interessensgruppen vereinfacht und strukturiert zusammenfinden. Dadurch entsteht eine „Grenzöffnung" innerhalb und außerhalb des Unternehmens. So können beispielsweise Mitarbeiter Standort übergreifend ein gemeinsames Produkt entwickeln (collaboration) oder als Mitglied einer Funktionsgruppe. (zum Beispiel Sekretariat, Vertrieb, Forschung & Entwicklung) Wissens- und Erfahrungsaustausch im Rahmen einer virtuellen Community betreiben.

Stufe 4: Das Mitarbeiterportal wird durch den Zugriff auf die Datenbanken und Systeme externer Partner erweitert. Rollenspezifische Transaktionen wie beispielsweise Einkauf über fest angeschlossene Marktplätze (B2B) werden somit integraler Bestandteil des Arbeitsplatzes. Komplette Wertschöpfungsketten werden in dieser Entwicklungsstufe Firmen übergreifend vernetzt. Wie die Umfrage zeigte, befinden sich viele Unternehmen bei der Entwicklung und Implementierung von Mitarbeiterportalen noch ganz am Anfang. Dabei ist das Mitarbeiterportal eine wirkungsvolle Einrichtung, von der sowohl die Mitarbeiter als auch das Unternehmen gleichermaßen profitieren.

Agassi meint, dass in Zukunft eine ganz neue Generation von Anwendungen aus diesen Portalen entstehen wird. Die Portalanwendungen werden dann mit Business Intelligence und dokumentenorientierten Anwendungen verknüpft.

Es wird zahlreiche Varianten geben, die alle auf einer einzigen personalisierten Umgebung beruhen, die den Informationskonsum des Nutzers auf jeder Ebene nachvollziehen kann[3].

3.4.5. Vorteile durch Mitarbeiterportale

Wichtige Informationen werden gezielt verteilt und so Streuverluste vermieden, denn jeder Mitarbeiter erhält nur die tatsächlich von ihm benötigten Informationen. Die Effektivität der Arbeit wird erhöht, da sich jeder Mitarbeiter auf seinen Arbeitsbereich konzentriert[4]. Das Portal speichert die individuellen Einstellungen des Anwenders.

---

[1] Vgl. Werum, Andreas/Praschelik, Yvonne: Wie die Volkswagen AG ihre Mitarbeiter ins Internet bringt, http://www.wissensmanagement.net/online/archiv/2002/05_0602/vw-internet-offensive.shtml vom 17.02.04
[2] Vgl. Jäger, Wolfgang/ Fischer, Joachim/Cap Gemini Ernst & Young: Neue Möglichkeiten durch Mitarbeiterportale, Business to Employee Studie
[3] Vgl. Magura, Stephan: Alle Informationen aus einer Hand, Interview mit Shai Agassi, in: SAP Info, S. 14 ff.
[4] Vgl. Iten, Pascal A. / Herren, Thomas: a.a.O., S. 80 ff.

Da dies an einer zentralen Stelle geschieht, kann der Mitarbeiter von beliebigen Arbeitsplätzen darauf zugreifen, wodurch sich Mobilität und Flexibilität der Anwender erhöhen. Durch den Abteilungsübergreifenden Informationsaustausch wird zudem die Kommunikation der Mitarbeiter gefördert und die gemeinschaftliche Arbeit unterstützt.

Es ergeben sich deutliche Einsparpotenziale bei den Transaktionskosten, die in der Verwaltung anfallen. Durch die gemeinsame Nutzung eines elektronischen Marktplatzes im Rahmen des Business-to-Employee Portals können Synergieeffekte beispielsweise beim Einkauf genutzt und Kosten gespart werden. Mitarbeiterportale stellen eine geeignete Plattform dar, um jahrzehntelang aufgebautes, wertvolles Wissen systematisch zu speichern und bereitzustellen, damit es auch anderen Mitarbeitern zur Verfügung steht[1].

Frau Bruckert sieht den Einsatz von Portalen als entscheidenden Beitrag zum Geschäftserfolg. Das Portal stellt die Mitarbeiter in den Mittelpunkt, erhöht die Effizienz der täglichen Arbeit und Interaktion mit Kunden und Geschäftspartnern. So werden Geschäftsbeziehungen intensiviert und Potenziale ausgeschöpft.
Wichtige Entscheidungen können aufgrund der vorhandenen Informationen schneller getroffen werden. Das verringert die Reaktionszeit auf plötzlich eintretende Ereignisse, was den Geschäftserfolg beeinflusst[2].

Grundsätzlich hat ein Human Resources Portal die gleichen Vorteile wie alle Electronic Human Resources- Lösungen, wie zum Beispiel die Entlastung von administrativen Papierbergen und somit die Zuwendung zu entscheidungsrelevanten komplexeren Problemstellungen.

Mitarbeiterportale bieten eine Reihe eindeutiger Nutzenpotenziale, wie zum Beispiel:

- Bearbeitungszeiten und –kosten können durch die Orientierung an den Geschäftsprozessen und den integrierten Zugriffen auf verschiedene *Backend*-Systeme über nur ein Portal verringert, die Prozesseffizienz kann verbessert werden.

- Die Flexibilität wird erhöht, da über ein Portal z.B. schnell wechselnde Anforderungen an elektronische Produktkataloge bedient werden können.

- Integrierter Zugriff auf alle Funktionen, die zur Bearbeitung der Aufgabenstellung eines Mitarbeiters erforderlich sind.

- Verbesserung der Teamarbeit durch eine geschäftsprozessorientierte Aufgabenverteilung und Funktionen zur Kommunikationsunterstützung.

- Geringerer Schulungsaufwand für die Mitarbeiter, da diese über den Web-Browser auf das ihnen bekannte Portal auf die *Backend*-Systeme zugreifen, ohne sich mit deren Benutzungskonzepten direkt auseinandersetzen zu müssen.

3.4.6. Gründe für das Scheitern von Mitarbeiterportalen

Die Unternehmen investieren viel in firmeninterne Web-Angebote. Doch Forthmann meint, Mitarbeiterportal ist nicht gleich Mitarbeiterportal. Die Portale bleiben in der Entwicklungsphase ohne attraktive Inhalte oder werden von den Mitarbeitern kaum besucht. Mehr als 80 Prozent der Portalprojekte in der internen Kommunikation scheitern. Die Investitionen betragen oftmals mehr als 25.000 Euro.

Das Wichtigste beim Aufbau eines Intranetportals sind der Mut zu Entscheidungen und die Konsequenz, diese Entscheidungen auch durchzuhalten. In Unternehmen, bei denen viele Angestellte keinen Zugang zu Computern haben, gestaltet sich die Einführung eines Mitarbeiterportals schwierig. Oft wird das Portal parallel zur Mitarbeiterzeitung aufgebaut. Es wird dann veröffentlicht, was schon

---

[1] Vgl. Jäger, Wolfgang/ Fischer, Joachim/Cap Gemini Ernst & Young: a.a.O., o. S.
[2] Vgl. Bruckert, Simone: Cockpit für den Arbeitsplatz, in SAP Info, S. 18 f.

auf Papier stand. Dieser Ansatz muss scheitern. Entscheider sollten den Mut haben, ausschließlich auf die Information im Intranet zu setzen und dafür viele interessante Inhalte bereitzustellen.

Mitarbeiterportale mit vielen Informationen werden an anderen News-Portalen im Internet gemessen. Deshalb braucht ein Intranetportal einen regen Nachrichtenfluss, vorzugsweise mit Artikeln von Mitarbeitern. Entscheidend ist der Dialog mit den Mitarbeitern.

Dieser lässt sich über das Angebot von Mail-Responsetools, Umfragen und Chats erzeugen[1]. Die Mitarbeiter sollten intensiv motiviert werden, sich mit Beiträgen am Portal zu beteiligen. Um den Informationspool aktuell zu halten, müssen die Mitarbeiter in der Lage sein, ihr persönliches Wissen und ihre Erfahrungen aus Projekten ohne administrative Hilfe veröffentlichen zu können[2].

Jedes Mitarbeiterportal sollte individuell für ein Unternehmen konzeptioniert werden. Die Erfolgswahrscheinlichkeit kann sich deutlich erhöhen, wenn ausgereifte Baukasten-Lösungen für Intranetportale zum Einsatz kommen.

Allerdings bringt ein einheitliches Layout der Applikationen selbst noch keinen Nutzen. Die erhöhte Verfügbarkeit von Informationen verursacht trotz neuer Techniken hohe Verwaltungskosten und hohe Suchkosten. Ein weiterer Nachteil bei der Einführung von Portaltechniken, insbesondere bei Mitarbeiterportalen, ist der Umstand, dass der Return-On-Investment (ROI) – wenn überhaupt – nur schwer nachweisbar ist. Hinzu kommt, dass es bei solchen Projekten, wie bei vielen anderen Projekten auch, keine Erfolgsgarantien gibt, da der Erfolg von vielen Faktoren (wie z.b. die Akzeptanz der Mitarbeiter) abhängt, die keine Wenn- dann- Prognosen zulassen.

Die nachfolgende Tabelle gibt nochmals einen kurzen Überblick über die Vor- und Nachteile eines Mitarbeiterportals:

Abb. 23: Vor- und Nachteile von Mitarbeiterportalen

Vor- und Nachteile von Mitarbeiterportalen

Vorteile	Nachteile
Senkung der Bearbeitungszeiten und –kosten	Hohe Verwaltungs- und Suchkosten
Erhöhte Flexibilität	Schwer nachweisbarer Return-On-Investment
Integrierter Zugriff auf alle Funktionen	Keine Erfolgsgarantie
Verbesserung der Teamarbeit	
Geringerer Schulungsaufwand	

3.4.7. Erfolgsfaktoren für Mitarbeiterportale

Aus diesen genannten Hürden für den Aufbau eines Mitarbeiterportals lassen sich die im Folgenden aufgeführten Anforderungen bzw. Erfolgsfaktoren ableiten. Der Erfolg eines Mitarbeiterportals ist – von der ausreichenden Budgetierung einmal abgesehen - in erster Linie abhängig von den technologischen Zugriffsmöglichkeiten, dem Interesse und der Qualifikation der Mitarbeiter sowie der Unternehmenskultur[3].

Um die Ängste der Mitarbeiter zu senken bzw. die Akzeptanz für das neue System zu erhöhen müssen zunächst die Anforderungen der Zielgruppe berücksichtigt werden. „Im Vorfeld sollten die Mitarbeiter nach ihren Nutzeranforderungen und Wünschen befragt werden, um zu vermeiden, dass die Benutzerakzeptanz fehlt bzw. am Anwender vorbei entwickelt worden ist (siehe Kapitel

---

[1] Vgl. Forthmann, Jörg: Intranets- Das Scheitern der Mitarbeiterportale, auf: http://www.manager-magazin.de/ebusiness/internetworld/0,2828,196265,00.html vom 17.02.04
[2] Vgl. Kappe, Frank: Die Schatzkarte zum Wissen, in: Personal, S. 426 ff.
[3] Vgl. Joachim Fischer: Neue Möglichkeiten durch Mitarbeiterportale. Business-to-Employee-Studie, Cap Gemini Ernst & Young

Vorgehensweise). Im schlimmsten Falle kann es sein, dass Mitarbeiter aufgrund der unzureichenden Erfüllung der Anforderungen das Portal gar nicht nutzen."[1]

Gegen fehlende Verantwortlichkeiten sind für den Erfolg eines (jeden) IT-Projektes klar definierte Prozesse für Entwicklung, Test und Anforderungsmanagement eine wesentliche Voraussetzung. Auch die Unterstützung der Portaleinführung bis in die oberste Managementebene ist demnach ein weiterer wichtiger Erfolgsfaktor. Nach Materna sollte ein Portal-Projekt idealer Weise von der Geschäftsführungs- oder Vorstandsebene unterstützt werden: „Ohne Management-Unterstützung gestaltet sich die Einführung schwierig, da sowohl die Budgetierung als auch die Bereitstellung interner Personal-Ressourcen für die Realisierung eines Portal-Projektes zwingend erforderlich ist."[2]

Auf der technischen Seite ist vor allem der schnelle Zugriff auf relevante Daten eine der wichtigsten, wenn nicht die wichtigste Voraussetzung. Des Weiteren müssen Ausbaufähigkeit und Erweiterbarkeit, sprich die Skalierbarkeit, von Anfang an beim Aufbau eines Portals berücksichtigt werden und zwar in bezug auf eine steigende Userzahl als auch auf den zukünftigen Ausbau der Applikations-Integration. Außerdem sollten offene Standards zum Einsatz kommen, die den Anschluss weiterer Systeme möglich machen.

Natürlich sollte der Return-on-Investment (ROI) sehr hoch sein, allerdings ist dieser in der Praxis meist nur schwer nachzuweisen und genaue Daten anderer Portaleinführungen werden letztlich selten herausgegeben, was eine Prognose zusätzlich erschwert. Wenn sich aus dem Projekt allerdings einige Folgeprojekte ergeben, wirkt sich das in der Regel positiv auf den ROI aus.

Um einen Überblick über die für ein Gelingen einer Portaleinführung wichtigen Punkte zu geben, sind nachfolgend nochmals alle Erfolgsfaktoren kurz zusammengestellt:

Abb. 24: Erfolgsfaktoren durch Mitarbeiterportale

3.5. Studie „Electronic Human Resources Management"

Der Lehrstuhl für Personalmanagement hat die Unternehmen zu ihren Angeboten für die Mitarbeiter im Intranet befragt. Im Mittelpunkt der Befragung standen die angebotenen Services, die in den Unternehmen im Rahmen eines integrierten Mitarbeiterportals angeboten werden.
Die Personalexperten schilderten ihre Erfahrungen mit diesen Angeboten. Weiterhin wurde die technische Umsetzung des Mitarbeiterportals und die Zugangsmöglichkeiten für die Mitarbeiter näher betrachtet[3].

3.5.1. Angebote im Intranet

Am weitesten verbreitet bei den Unternehmen ist die reine Informationsvermittlung über das Intranet, gefolgt von informativen Bereichen mit interaktiven Elementen. Die teilweise Übernahme von administrativen Funktionen über das Intranet (zum Beispiel Employee Self Services) ist noch eher selten.

---

[1] Vgl. Materna GmbH: Das Tor zum Wissen. Online im Internet, Abfrage: 17.02.04, URL: http://www.materna. de/Internet/de/Loesungen/Information/EP/f-004.jsp
[2] Vgl. Schulze, Carsten/Koller, Wolfram: Vorgehensweise bei EAI-Projekten – Theorie und Praxis
[3] Vgl. Ackermann, Friedrich/Eisele, Daniela/Bahner, Jens/Fellmann, Heiko/Festerling, Sonja: Studie E-HRM, S. 1 ff.

Abb. 25: Welche „Services" werden Ihren Mitarbeitern über Intranet angeboten?

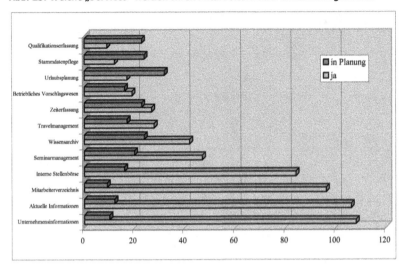

Unternehmen aus den Branchen Banken, Consulting und Versicherungen, Elektrotechnik und Informationstechnologie sowie der Industrie sind besonders aktiv. Auch große und internationale Unternehmen bieten verstärkt verschiedene Services über das Intranet an. Unternehmen ohne weitere Standorte und Unternehmen aus der Konsumgüterbranche bieten ihren Mitarbeitern keine Angebote über das Intranet an. 37 überwiegend internationale Unternehmen betreiben bereits ein Mitarbeiterportal, 15 Unternehmen befinden sich in der Planungsphase. Dieses Ergebnis überrascht positiv, denn die Realisierung von Mitarbeiterportalen ist kostenintensiv und langwierig. Viele der Unternehmen bieten mehr als fünf verschiedene Angebote im Intranet an.

Abb. 26: Angebote im Intranet

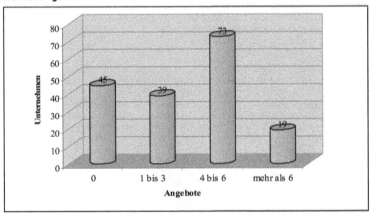

3.5.2. Erfahrungen mit den Angeboten

Die Erfahrungen sind überwiegend positiv. In fast allen Punkten sind aktivere Unternehmen, mit mehr als sechs Intranet basierten Services für ihre Mitarbeiter, zufriedener. Es lässt sich feststellen, je konsequenter die Information und Beteiligung der Mitarbeiter umgesetzt werden, um so eher sind positive Effekte zu erzielen, insbesondere bei der Akzeptanz.

Abb. 27: Erfahrungen in Abhängigkeit der Anzahl der angebotenen Services

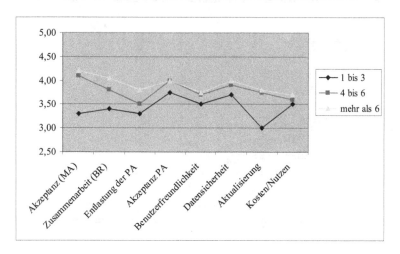

3.5.3. Technische Details

Nur 25 Prozent der Unternehmen nutzt für die Realisierung des Mitarbeiterportals gekaufte Software. Die anderen 75 Prozent setzen Eigenentwicklungen ein.

Das Intranet ist für die meisten Mitarbeiter über den Arbeitsplatz-Personalcomputer erreichbar. Einigen Angestellten und Führungskräften wird ein Notebook zur Verfügung gestellt. Diese Zugangsmöglichkeit nutzen auch Außendienstmitarbeiter. Kaufmännische Angestellte, wie auch Führungskräfte verwenden in einigen Fällen zusätzlich den heimischen Personalcomputer. Dagegen greifen gewerbliche Arbeitnehmer außerdem über Terminals und Personalcomputer-Pools auf das Angebot zu. Gewerbliche Arbeitnehmer haben allerdings in einigen Unternehmen überhaupt keine Zugangsmöglichkeit zu den angebotenen Intranet basierten Services[1].

3.6. Fazit

Im Physikunterricht der Schule werden oft Aufgaben gestellt, in denen man ein „als punktförmig anzunehmendes Schaf mit konstanter Winkelgeschwindigkeit um einen Pflock, der direkt im Nordpol steckt" kreisen lässt. Ähnlich realistisch ist es, ein Projekt von einem solch hohen Ausmaß, wie es eine Portaleinführung ist, stur anhand eines „Fahrplans" abzuarbeiten. Ein gesunder Pragmatismus ist hier einer schnellen globalen Umsetzung in jedem Fall vorzuziehen. Es lässt sich keine allgemeingültige Anleitung zum Aufbau eines Portals in einem Unternehmen aufstellen. Dennoch lässt sich aus dieser Arbeit einiges festhalten:

Um die Komplexität des Gesamtsystems beherrschbar zu gestalten und gleichzeitig Informationen aus zahlreichen Quellen integriert darzustellen, benötigen Portale eine vorgelagerte Integration der betrieblichen Anwendungen. Eine Integration erst innerhalb der Portallösung führt zu punktuellen Schnittstellen mit den vorgelagerten Systemen und ist nur dann sinnvoll, wenn keine weiteren Anwendungen auf die integrierte Sicht zugreifen müssen und nur wenige einzubindende Systeme vorhanden sind. Für die Anwendungsintegration innerhalb eines Betriebs empfiehlt sich daher die Implementierung einer zusätzlichen Integrationsschicht, die einer Portallösung als Basis zur Verfügung stehen und leicht ausgebaut werden kann.

---

[1] Vgl. Ackermann, Friedrich/Eisele, Daniela/Bahner, Jens/Fellmann, Heiko/Festerling, Sonja: a.a.O., S.1 ff.

Da IT kein Selbstzweck sein sollte, sondern in den Unternehmen der Unterstützung des Geschäftes dienen muss, müssen sich die Ziele der IT-Projekte, wie einer Portaleinführung, aus den Strategien zur Erreichung der Geschäftsziele ableiten. Auf keinen Fall darf hierbei jedoch die Integration als zusätzliches Feature innerhalb der Entwicklung bestehender Anwendungen betrachtet werden, da dies zu keiner offenen Lösung führt.

Auch die kommerziellen Portallösungen sind keine fertigen Lösungen; sie bieten keine Antwort beispielsweise auf die Frage nach der Daten-, Funktions- oder Prozesshoheit, welche bei einer Integration der Systeme auftreten werden. Außerdem erfordert der Betrieb einer integrierten Lösung den Aufbau einer entsprechenden Organisation, mit der nicht nur die IT-, sondern auch die Fachabteilungen eines Unternehmens gefordert sind. Die organisatorischen Probleme sind also in jedem Fall zu bewältigen und stellen eine große Herausforderung dar.
Dies ist gerade in dem sehr politischen Umfeld großer Konzerne problematisch, da hier die lokalen Gesellschaften nicht immer gutheißen, was in der Zentrale erdacht wird. Hier muss man oft mit suboptimalen Lösungen oder lokalen Optima beginnen bzw. zufrieden sein, denn oft ist es besser, eine pragmatische 80% befriedigende Lösung schnell zu realisieren, als auf eine große, 100%-Lösung ewig zu warten. Daher schließt diese Arbeit mit einem Zitat von Schulze, das die komplexe Problematik in einem kurzen Ratschlag auf den Punkt bringt: **„Think big, start small!"**. [1]

---

[1] Vgl. Schulze, Carsten/Koller, Wolfram: Vorgehensweise bei EAI-Projekten – Theorie und Praxis. in: [Mein, 2002]